Darf man das wirklich nicht?

Bibliografische Information der Deutschen Bibliothek
Die Deutsche Bibliothek verzeichnet diese Publikation in der Deutschen Nationalbibliografie; detaillierte bibliografische Daten sind im Internet über http://dnb.ddb.de abrufbar.

www.residenzverlag.at

Umschlaggestaltung: Ramona Scheiblauer
Umschlagillustration: Rudi Klein
Cover/Typografische Gestaltung: Silvia Wahrstätter/buchgestaltung.at
Gesamtherstellung: CPI Moravia Books

ISBN 978 3 7017 1488 9

Darf man das wirklich nicht?

Der aktuellste Knigge der Welt

Herausgegeben
von Roger Köppel

Residenz Verlag

Inhalt

Darf man im Restaurant den gekauten Kaugummi im Aschenbecher entsorgen?

Nur ein moralischer Situativist würde dies eventuell nicht tun, einer also, der sich in seinem Verhalten von der jeweiligen Mikromachtkonstellation abhängig macht; in unserem Beispiel nähme besagter Mensch möglicherweise den verächtlichen Blick des Oberkellners vorweg und würde den Kaugummi umgehend im eigenen Taschentuch entsorgen (ob der halluzinierte Strafblick ihn in der Realität träfe, ist ein vernachlässigbares Problem). Wer hingegen im Sinne der Aufklärung ein freier Mensch sein will, indem er nach Kant den eigenen Verstand zur Anwendung bringt, wird den Kaugummi ohne Wimpernzucken im Aschenbecher deponieren. Denn das Nachdenken über die simple Frage erbringt die simple Antwort: Als zahlender Kunde darf man im Restaurant grundsätzlich wenn nicht alles, so doch vieles und wird ganz sicher einem Aschenbecher die temporäre Zweckentfremdung zumuten können, welche diesem und dessen Besitzer schließlich keinen bleibenden Schaden zufügt.

Thomas Widmer

Darf man im Flugzeug nach erfolgreicher Landung applaudieren?

Ja, in drei Fällen. Erstens: Wenn ein heiliges Band von Schicksalsverbundenheit (Triebwerk brannte, Fahrwerk klemmte, Captain: „Legen Sie die Köpfe zwischen – oops! – die Knie") eine zusammengewürfelte Menschengruppe auf ewig gegen Banalität immunisiert hat; in solchen Fällen dürfen sich ja auch Männer küssen. Zweitens: Wenn ein stimmfähiger Anteil von Fluggästen ungeniert in die Nostalgie nach den ersten großen Ferienfliegern (ca. 1970) stürzt. Drittens: Wenn eine Gruppe von Passagieren besoffen ist und es ihnen dämmert, dass sich der Captain da rausgehalten hat.

Herbert Völker

Darf man als Frau heute noch mit unrasierten Achseln rumlaufen?

Fast wäre man versucht, sich mit einer Empfehlung zum Kompromiss aus der Affäre zu stehlen: im Sommer nein, im Winter ja. Leider geht diese Rechnung nicht ganz auf. Es sei denn, Sie nehmen sich vor, sämtliche vorweihnachtlichen Cocktailpartys im Faserpelzpullover zu überstehen. Ihre Frage verlangt demzufolge nach einer klaren Stellungnahme, die ich Ihnen nicht länger vorenthalten möchte: Kleine Haarbüschel mögen an Eichhörnchenohren ganz manierlich aussehen, nicht aber unter nackten Oberarmen! Auch Reste eines Creme- oder Puderdeos, die an vereinzelten Härchen kleben, machen die Sache nicht appetitlicher. Zwar gelten Achselhaare als sekundäre Geschlechtsmerkmale und sind gewissermaßen an der Verströmung des geschlechtsspezifischen Körpergeruchs mitschuldig. Doch die Zeiten, wo wir unserem Gegenüber die Nase in die Achselhöhle steckten, um herauszufinden, ob es für uns in Frage kommt, haben wir seit ein paar tausend Jahren mehr oder weniger erfolgreich hinter uns gelassen. Weiblichkeit darf sich nicht in Form von Rasierpinseln in den Achselhöhlen manifestieren. Mittlerweile dürfte es an die fünfzig geeignete Wege geben, sein Achselhaar loszuwerden. Ich rate Ihnen, zumindest einen davon in Betracht zu ziehen.

Katja Alves

Darf man Hausmann bleiben, wenn die Kinder groß sind, und seine Frau bis zur Pensionierung weiterarbeiten lassen?

Mann darf, mann darf nicht, darüber entscheidet die Frau. Im schlimmsten Fall muss der Mann das Haus nicht mehr putzen, sondern verlassen. Dieses abrupte Ende zeigt, worauf der Lebensentwurf des Hausmanns naturgemäß hinausläuft: auf ein Abhängigkeitsverhältnis, das sich durch die Umkehrung des Geschlechterverhältnisses nicht wegemanzipieren lässt; Ernährerinnen sind womöglich sogar brutaler als Ernährer. Der schweizerische Staat zum Beispiel setzt nur sanften Druck dagegen – indem er erzkapitalistisch mit Geld lockt. Ein erziehender Hausmann darf analog zu den erziehenden Hausfrauen stempeln gehen, sobald das Kind 16 wird und sofern der Ehepartner nicht „zu viel" verdient oder das Vermögen „zu hoch" ist. Der Status „arbeitslos" wird im zwinglianischen Zürich oder im calvinistischen Genf natürlich zum Symbol. Hier gibt es zwar keinen Zwang zur Arbeit; aber man sollte dann reich genug sein – oder richtig geheiratet haben.

Markus Schneider

Darf man heute noch kein Handy besitzen?

Schwierig, schwierig. Wer kein Mobiltelefon besitzt, manövriert sich sozial brutal ins Off. Man kann ihn nämlich nicht erreichen. Die Tatsache, dass man sich viel unverbindlicher verabredet (Verschiebungen sind jederzeit möglich), ist längst akzeptiert – wer also unerreichbar ist, wird sozial uninteressant. Natürlich kann man auf den Besitz eines Mobiltelefons verzichten und damit gegen diesen zugegebenermaßen wenig ehrenhaften Wandel protestieren. Aber es ist ein einsamer und reichlich stummer Protest. Nein, eigentlich kann man heute nicht kein Mobiltelefon besitzen. Es ist mittlerweile ein Affront. Sorry.

Thomas Meyer

Gibt es einen Grund, dass eine ins Haupthaar geschobene Sonnenbrille gut oder gar schick aussieht?

Merkwürdige Fragestellung: „ins Haupthaar" – gibt es vielleicht Menschen, die eine Sonnenbrille ins Schamhaar schieben und vermuten, es sehe gut oder gar schick aus? Nein, es gibt keinen Grund, dass eine ins Haupthaar geschobene Sonnenbrille gut oder gar schick aussieht. Es gibt bloß Menschen, die das meinen. Nämlich ehemalige Models sowie Werberinnen, Mitarbeiterinnen in Public Relations-Firmen, Anwaltssekretärinnen und andere Frauen, die es nicht geschafft haben, Model zu werden. Sie meinen, eine Sonnenbrille gehöre zwingend ins Haar geschoben, sozusagen für die Gesamterscheinung. Und Männer, die das meinen, sind Italiener (die meist ja auch etwas längeres Haupthaar tragen), die meinen, wenn sie irgendetwas mit irgendwelchen Accessoires anstellen, sehe das zwingend gut oder gar schick aus, weil sie als Italiener das Gut- und Schickaussehen eigentlich erfunden haben. (Zum Beispiel auch einen Schlüsselbund mit Porsche-Anhänger und ein Mobiltelefon während des Essens auf den Tisch zu legen.) Es gibt, nebenbei erwähnt, auch keinen Grund, dass ein aus dem Hosenbund gezogener (meinetwegen auch gerutschter) String-Tanga oder eine aus dem Hosenbund gezogene Unterhose gut oder gar schick aussehen. Es gibt auch hier bloß Menschen, die das meinen. Nämlich 17-jährige Männer, also Gymnasiasten eigentlich, die ihre Hosen tief tragen aus Solidarität mit den „Brothers" im Gefängnis, denen man die Gürtel weggenommen hat. Und bei Frauen sind es beispielsweise ukrainische Gelegenheitsprostituierte, die donnerstagabends in der Bar des „Park Hyatt" in Zürich sitzen und ihre Sonnenbrillen ins Haar geschoben haben.

Mark van Huisseling

Darf man mit Kleinkindern in ein Gourmetrestaurant essen gehen?

Man darf nicht, man muss. Kinder können nicht früh genug lernen, dass es auch etwas anderes zu essen gibt als Mamis Müsli. Außerdem sollen auch Gourmetrestaurants das Recht haben vorzuführen, wie gut ihr Service wirklich ist. Zwei Einschränkungen: Ihr Kind sollte alt genug sein, um essen und trinken zu können. Und Sie sollten bei der Reservierung mitteilen, dass Sie außer einem gesegneten Appetit möglicherweise ein Problem mitbringen. Dem Chef de Service wird dann überraschenderweise einfallen, dass doch kein Tisch mehr frei ist, oder er platziert Sie auf dem Gang. Ersteres ist korrekt, Letzteres nicht. Ein Logenplatz löst, wenn vorhanden, sämtliche Probleme ideal.

Christian Seiler

Darf man als über 50-Jährige(r) auf der Straße noch Händchen halten?

Warum denn nicht? Es ist doch ganz rührend, wenn alte Leutchen Händchen halten. Als Jugendlicher empfand ich Händchenhalten als beinahe das höchste der erotischen Gefühle – aber das war noch vor der sexuellen Revolution der Sechzigerjahre. Bei uns gingen Paare früher Arm in Arm. Das öffentliche Händchenhalten von über 50-Jährigen, ja von über 60-Jährigen, führten meines Wissens der amerikanische Präsident Ronald Reagan und seine Frau Nancy ein. Jedenfalls erinnere ich mich, dass mir dies damals auffiel. Wenn George W. und Laura es heute tun, empfindet man es bereits als völlig normal. Natürlich sind wir in Europa schon etwas mehr sophisticated (weniger kindisch?) als die Amerikaner. Trotzdem: Rüstige Senioren, haltet weiter auf der Straße Händchen, wenn euch danach zumute ist.

Hanspeter Born

Darf ein Mann in Begleitung seiner schwangeren Frau die Figur anderer Frauen loben?

Aber natürlich darf er das. Eine schwangere Frau wird die Bemerkungen ihres Mannes milde lächelnd zur Kenntnis nehmen. Ja, sie sind ihr piepegal. Eine Schwangere weiß: In meinem Zustand strahle ich eine Kraft und einen Zauber aus, in dessen Licht gewöhnliche Schönheitsideale nur langweilen.

Katja Stauber

Darf eine Frau bei offenem Fenster so laut stöhnen, dass die gesamte Nachbarschaft an ihrem Glück teilhaben kann?

Wer sein Glück in die Welt hinausstöhnt, tut es nicht, um andere daran teilhaben zu lassen, sondern um zu sagen: „Seht her, ich habe ein Liebesleben! Und was für eines! Es ist schöner, besser und lauter als eures. Also applaudiert gefälligst!" Das tut aber keiner. Denn für Unbeteiligte sind nächtliche Lustlaute aus fremden Gemächern das, was sie sind: Lärm. Und der nervt. Sollte sich das Stöhnkonzert bei offenem Fenster ausnahmsweise aus triftigen Gründen nicht vermeiden lassen (sagen wir, Sie brauchen gemeinsam mit Ihrem Liebhaber ein akustisches Alibi für die Nacht, in der Ihr Ehemann umgelegt wird), dann wundern Sie sich nicht über ein hartes Publikumsurteil über Ihre nächtliche Performance. Denn mit offen zur Schau – oder vielmehr zu Gehör – gestellten Höhepunkten verhält es sich gleich wie mit protzigen Klunkern. Anstatt Bewunderung kommt Skepsis auf, und die ganze Nachbarschaft ist sich einig: „Der ist nie und nimmer echt!"

Güzin Kar

Darf man gebrauchte Windeln im Mülleimer des Gastgebers entsorgen?

Enthusiastische Mütter behaupten gerne, Babykacke rieche nach frischen Semmeln. Im Laufe meines Lebens sind mir schon etliche gefüllte Windeln unter die Nase gekommen, aber mit dem Duft, der morgens der benachbarten Bäckerei entströmt, hat dieser Geruch nicht im Entferntesten etwas gemein! Aus diesem Grund kann man es auch keinem Gastgeber verübeln, dass er es vorzieht, keine braune Visitenkarte seines jüngsten Gastes in seinem Müll vorzufinden. Ihr Entsorgungsproblem bedarf demnach anderer Maßnahmen. Haben Sie schon mal an diese praktischen Hundekot-Säckchen gedacht? Hundehalter binden sie sich vorbildlich und allzeit bereit ums Handgelenk. Auch Gefrierbeutel in Kombination mit einem

Verschweißgerät optimieren das Entsorgungsproblem im Nu und verleihen Ihnen die Aura des verantwortungsvollen Gastes. Anschließend stecken Sie die Beutel in Ihre luftundurchlässige Tasche. Auf dem Nachhauseweg lassen sich die kleinen Pakete dann immer noch diskret und kostengünstig in einem öffentlichen Verkehrsmittel deponieren.

Katja Alves

Darf man zu einem exquisiten Anzug Stahlkappenstiefel oder Springerstiefel tragen?

Ja. Wenn Sie Brad Pitt heißen und die Hauptrolle im Film „Snatch" spielen. Dann können Sie in der Beerdigungsszene einen exquisiten Anzug mit Springerstiefeln tragen. Beim Jackett darauf achten, dass es fast eine Nummer zu klein ist, damit es richtig spannt, wenn der mittlere Knopf geschlossen ist, und die Ärmel ein wenig zu kurz geraten sind. Nicht vergessen, die Hosen in die Stiefel zu stopfen. Für alle anderen gilt: nein. Was man ebenfalls auf keinen Fall zu einem Anzug tragen darf, exquisit hin oder her, sehen Sie am besten an einer der zahlreichen Afterworkpartys. Zum Beispiel eine Wollmütze. Wählen Sie lieber einen Kopfverband. Der sieht ähnlich aus, gibt aber einiges mehr an Gesprächsstoff her. Beispiel Nummer zwei: einen

Wollschal, bevorzugt im klassischen Burberry-Check, der, viermal um den Hals gewickelt, an beiden Enden unter dem Revers verstaut wird. Das erinnert mich an meine Jugend, in der meine Mutter mit einem Zwiebelwickel erfolglos meine Mandelentzündung behandelte. Oder unifarbene Hemden, vorzugsweise hellblau oder rosa, mit weißem Kragen, am besten mit goldenem Hemdkragen-Stecker unter dem Krawattenknopf. Die sind vor allem bei den Deutschen, die damit Noblesse zum Ausdruck bringen wollen, nach wie vor erstaunlich beliebt. Ich würde wetten, dass der als Prügelprinz bekannte August von Hannover ein paar davon im Schrank hat.

Christophe Guye

Darf man nicht wissen, was ein CEO ist oder was diese Abkürzung überhaupt bedeutet?

CEO, Chief Executive Officer. Ein CEO ist, wörtlich übersetzt, der Chef der ausführenden Manager. Oder ausgedeutscht: der Vorsitzende eines Unternehmens, der die Geschäfte im Sinne des Aufsichtsgremiums – des Verwaltungsrats – leitet. So viel zur Theorie. Und nun zur Praxis. Ein CEO hält jährlich Hunderte von Sitzungen, beantwortet monatlich Tausende von Mails, tätigt täglich unzählige Telefonanrufe und behält bei alledem die langfristige Strategie im Auge, wie er das Unternehmen in eine gute Zukunft führen will. Er ist bestrebt, der nächsten Kaderstufe – der Geschäftsleitung – den größtmöglichen Handlungsspielraum zu lassen, gleichzeitig bemüht zu garantieren, dass alle in dieselbe Richtung ziehen. Die für ihn tiefstgehenden Fragen sind wohl: Wie bewirtschafte ich bisherige und künftige Gesellschaftsfelder erfolgreich? Wie erhalte ich unsere Arbeitsplätze, und wie schaffe ich sogar neue? Im Übrigen ist ein CEO – laut unbekanntem Autor – „ein Mensch wie alle andern. Er weiß es nur nicht." Genau wie ich.

Filippo Leutenegger
CEO Jean Frey AG

Darf man seinen männlichen Besuchern sagen, dass sie sich zum Pinkeln hinsetzen sollen?

Nein! Das wäre, wie wenn man vom Rhein verlangte, er solle ab morgen durch Zürich fließen. Männer sind generell von einer Leseschwäche gepeinigt, die geradezu heimtückisch zu verunmöglichen scheint, dass sie nur schon mal das Wort „Toilette" entziffern können. Anders ist nicht zu erklären, weshalb sie an jede Hausmauer und an jede Plakatwand pinkeln. Wie um alles in der Welt sollen diese armen Kerle nun auch noch begreifen, dass sie sich beim Wasserlassen hinsetzen müssen? Ist das nicht ein bisschen viel verlangt? Solche Bewusstseinsänderungen bedürfen einer Evolution und nicht einer simplen Aufforderung, die an der Toilettentür angebracht wurde. Außerdem:

Wie wollen Sie überprüfen, ob er wirklich sitzt? Natürlich, die Spuren! Jeder anständige Täter verwischt sie nach der Tat und womöglich mit Ihrem weißen Handtuch. Falls Sie jedoch die männliche Entwicklungsgeschichte unbeirrt beschleunigen möchten, wünsche ich guten Mut und empfehle Ihnen, auf Ihrer Toilette während der Übergangsphase gelbe Handtücher zu verwenden.

Katja Alves

Darf man als Gastgeber einen Geldbetrag einfordern, wenn ein Besucher aus Versehen etwas Kostbares zerbrochen hat?

Eine äußerst delikate Frage! Eigentlich dürfte man doch erwarten, dass ein Gast, der statt mit Komplimenten über Ihre Kochkünste mit Ihren Kristallgläsern um sich wirft, den Anstand besitzt, diese auch zu ersetzen. Oder Ihnen zumindest einen Vorschlag in diese Richtung unterbreitet. Andererseits muss man sich bewusst sein, dass Gäste, die sich in fremden Stuben als Trampeltiere offenbaren, oft nicht den leisesten Anstand besitzen. Der Gast ist zwar König, jedoch nicht über die Grenzen eines zerstörten Corbusier-Sofas hinaus! Fordern Sie deshalb den Betrag für die Reinigung, Instandsetzung oder was auch immer ruhig ein! Seien Sie beharrlich wie die Mafia! Dass das Malheur versehentlich geschah, braucht Ihren Vorsatz nicht zu mildern. Auch der Kunstfehler eines Chirurgen geschieht mit Sicherheit versehentlich, hat aber für den Patienten trotzdem sehr unangenehme Folgen. Denken Sie daran, während Sie Ihr zerschlagenes Porzellan zusammenkehren.

Katja Alves

Darf man seinen Gästen noch normalen Filterkaffee anbieten?

Die gestellte Frage impliziert, dass man seinen Gästen jemals normalen Filterkaffee anbieten durfte. Das möchte ich anzweifeln, auch wenn ich nur wenig Verständnis für die Espresso-Akrobatik entwickle, die in den Neunzigerjahren chromblitzend von Büros und Privathaushalten Besitz ergriff. Die Kaffeekanne mit Pressfilter oder die gute alte Alu-Espressomaschine zum Zusammenschrauben lieferten brauchbare, also Besuchern zumutbare Kaffee-Ergebnisse. Und da zuletzt die Kapsel-Technologie – Tabs in die Maschine, fertig der Espresso – hinsichtlich ihrer Verbreitung auf ähnlichem Erfolgskurs ist wie das Mobiltelefon, schmilzt auch das letzte Argument für den Filterkaffee, nämlich die praktische Zubereitung, hin und weg. Es ist ganz einfach: Wenn Sie keinen Espresso servieren wollen, stellen Sie lieber eine Flasche Wasser auf den Tisch. Filterkaffeetrinker merken den Unterschied sowieso nicht.

Christian Seiler

Darf man einfach nichts sagen, wenn der geliebte Partner - Ich liebe dich - sagt?

Das kommt darauf an, ob in einer Beziehung dem „Ich liebe dich" der Stellenwert einer Grußformel oder der einer Liebesbekundung zukommt. Wenn ein Paar beispielsweise die verbreitete Angewohnheit hat, Telefongespräche mit der Formel „Ich liebe dich" – „Ich dich auch" zu beenden, dann ist es unhöflich, dem Partner auf einmal den Gegengruß zu verweigern. Oder zumindest verdächtig, und dies zu Recht. Nur wer sich von Beginn an Höflichkeiten wie dieser widersetzte, darf es im Laufe der Beziehung auch weiterhin tun. Ansonsten hilft kein undeutliches Gemurmel und auch keine Grundsatzdebatte um den semantischen Gehalt der Formel (bei „Guten Tag" oder „Frohe Ostern" fragt ja auch keiner, wie gut der Sprechende den Tag und wie froh er die Ostern findet). Um aufreibenden Diskussionen und Beziehungskrisen vorzubeugen, gilt: Es wird klar und deutlich zurückgeliebt! Wenn „Ich liebe dich" aber als eine echte Liebesbekundung geäußert wird, so darf der andere so darauf reagieren, wie er möchte oder wie es seiner Stimmung entspricht: mit Worten, mit einem Kuss, einem Lächeln oder mit einem Schweigen. Denn eine Liebesbezeigung ist ein Geschenk, und Geschenke verlangen niemals nach einer Gegenleistung. Auch nicht in Form einer Antwort.

Güzin Kar

Darf man im Kino den von zu Hause mitgebrachten Proviant guten Gewissens vertilgen?

Nein, darf man überhaupt nicht. Den Proviant schlechten Gewissens vertilgen soll man aber auch nicht, das gibt nur Bauchkrämpfe. Mampfverbot gilt nicht deshalb, weil jemand Speis und Trank selbst mitgebracht hat, sondern weil Esser die Filmschauer und -hörer extrem nerven und ablenken. Schließlich heißt das Etablissement, in dem man sich befindet, Kino und nicht Restaurant oder Würstchenbude. Stellen Sie sich vor: Eben wird auf der Leinwand der Held erschossen, und auf Ihre Bluse tropft aus Nachbars Sandwich Ketchup. Da müssen Sie sich doch fragen: Bin ich im falschen Film?

Marianne Fehr

Darf man heute als seriöser Geschäftsmann noch einen Klingelton fürs Mobiltelefon verwenden? Wenn ja, welchen?

Es stellt sich erst einmal die Frage, wer oder was ein seriöser Geschäftsmann oder eine seriöse Geschäftsfrau ist. Für den Manager eines Musiklabels beispielsweise würde diese Frage wahrscheinlich anders zu beantworten sein als für einen Anwalt im Steuerbereich. Doch für alle gilt: Zum Glück gibt es die moderne Technik. Mit Hilfe von Profilen lassen sich die Klingeltöne schnell und einfach für das Büro oder für die Freizeit definieren. Mit dem Zuweisen von Melodien zu einzelnen Nummern verfeinert man die Handy-Klangwelt weiter: Ruft meine Tochter an, ertönt „Push the Button" von den Sugababes, bei meiner Frau „Love Supreme" von Robbie Williams. Im Geschäftalltag ist der Klingelton ein Statement: Bei mir ist es natürlich die Swisscom-Melodie, die Verbundenheit mit dem Unternehmen signalisiert. Doch nicht übereifern: In Meetings ist das Handy auf stumm geschaltet.

Adrian Bult
CEO Swisscom Mobile

Warum darf ich mir die Nasenhaare nicht wachsen lassen, sondern muss sie mühsam rausschnippeln? Und warum haben Frauen dieses Problem nicht?

Weil Frauen die Haare auf den Zähnen haben? Nein: Frauen ist dieses Problem nicht fremd. Aber sie lavieren nicht endlos um die Peinlichkeit herum, sondern eliminieren sie ganz einfach. Doch ebenso wie struppiges Achselhaar ein Statement sein kann, dürfen Männer zu ihrem Nasenhaarwuchs stehen. Ein gesundes Selbstbewusstsein ist nötig, denn sichtbare Nasenhaare gelten – ebenso wie Dickicht, das aus Ohren wächst – als ungepflegt. Weibliche Mitmenschen sehen darin nicht selten ein Zeichen vorzeitigen Greisentums. Ein Facharzt sagt: Die verbreitete Ansicht, dass die Haare in Ohren und Nase mit zunehmendem Alter schneller und dichter wachsen, ist Blödsinn. Vielmehr verlangsamt sich der Haarzyklus im Alter. Dadurch wächst das einzelne Nasenhaar im Alter über einen längeren Zeitraum, bevor es abgestoßen werden und ein neuer Haarzyklus beginnen kann.

Franziska K. Müller

Darf man die E-Mails seiner Exfreundin lesen, wenn man Benutzernamen und Passwort kennt?

Ja, unbedingt. Ist man noch mit ihr zusammen, darf man das aus moralischen Gründen nicht tun. Jetzt gibt es diese Hürde nicht mehr, der Ex ist man nichts schuldig. Hat sie Schluss gemacht, finden Sie eventuell nützliche Dinge, die Sie ihr vorwerfen können. Haben Sie die Beziehung beendet, können Sie nun zufrieden nachlesen, wie sehr Sie vermisst werden. Das Risiko besteht allerdings, dass Sie auch unerfreuliche Neuigkeiten erhalten. Hat sie seit Jahren einen Liebhaber? Hat sie Ihren tollen Canard à l'orange nie gemocht? Hat sie Sex mit Ihnen nur aus Langeweile betrieben? Nehmen Sie das in Kauf, das verkraften Sie schon. Doch seien

Sie sich auch der größten Gefahr bewusst, die Ihnen droht: Ihr Name taucht in keinem einzigen Mail auf.

Simon Brunner

Darf man heutzutage noch jemanden als Junggesellen bezeichnen?

Wie schön, dass Sie sich dieses schönen, alten Wortes erinnern! Wo lauter trendige, hippe Singles sich tummeln, sticht der etwas aus der Mode gekommene Junggeselle wohltuend heraus. Er ist so etwas wie ein Paar silberne Manschettenknöpfe, ein alter Tintenlöscher oder ein Stofftaschentuch: nicht zweckmäßiger, aber edler als Billigmodelle. Ein Junggeselle geht denn auch nicht in Kuppelshows, betreibt kein Speedflirting und kauft keine Fertiggerichte für eine Person. Er setzt sich in eine Bar und kippt seinen Drink. Allein. Das macht ihn zwar nicht glücklicher als einen gewöhnlichen Single, sein Leben nicht reicher, sein Bett nicht wärmer. Aber wenn schon einsam, dann wenigstens mit Stil.

Güzin Kar

Darf man als über 40-Jährige in einem Geschäft für eher junge Leute der Verkäuferin sagen, dass man nicht geduzt werden möchte?

Das wäre eine Aktion von unglaublicher Coolness, und es macht überhaupt nichts aus, dass Ihre Zurechtweisung möglicherweise die falsche Person trifft. Denn normalerweise werden über 40-Jährige, die sich in den Revieren der Jugendkultur aufhalten, häufig beleidigt: Im Szenebeisl werden sie absichtlich gesiezt oder auch mit diskriminierenden Bemerkungen des DJs – „Sie mögen sicher Phil Collins" – älter gemacht, als sie in Wirklichkeit sind. Es ist an der Zeit, den Spieß umzudrehen: Wischen Sie der nächsten Teenagerverkäuferin eins aus, bevor diese den Mund aufmachen kann. Siezen Sie das Mädchen von Anfang an. Ist es sehr jung, sollten Sie sich die Bemerkung, „das ist bei den über 30-Jährigen so üblich“, keineswegs verkneifen.

Franziska K. Müller

Darf man eine gute Freundin, die einem in betrunkenem Zustand per SMS eine Liebeserklärung macht, später auf diese ansprechen? In der Hoffnung, dass sie es nüchtern immer noch so meint?

Du liebe Güte, was für eine Frage! Ihr Herz sollte jodeln vor Freude! Die Dame Ihres Herzens gesteht Ihnen ihre Liebe; mehr kann Mann in ein und demselben Leben doch gar nicht erhoffen. Da spielt es doch keine Rolle, ob die spontan verkündete Zuneigung mittels der enthemmenden Wirkung alkoholischer Getränke zustande kam. Und überhaupt: Wie sieht man einer SMS an, dass die Absenderin die Nachricht in trunkenem Zustand erstellt hat? Wegen der falsch gesetzten Beistriche? Der zittrigen

Schrift? Sehen Sie! Wer befähigt ist, auf der sensiblen Tastatur seines Mobilgerätes Nachrichten zu erstellen, die die Ohren des Empfängers krebsrot werden lassen, ist im Vollbesitz seiner körperlichen und geistigen Kapazitäten und daher vollumfänglich handlungsfähig. Machen Sie ihr einen Heiratsantrag! Am besten noch heute! Per SMS! Oder könnte es sein, dass die Nachricht gar nicht für Sie bestimmt war?

Katja Alves

Darf man beim Einsteigen in den Bus vordrängeln und danach im Eingang stehen bleiben und langsam und gemütlich einen Platz aussuchen?

Ja. Denn wer sich solche niederträchtigen Unhöflichkeiten erlaubt, ohne dabei rot zu werden, hat auch einen stichhaltigen Grund. In den meisten Fällen handelt es sich um Menschen, die unter der peripheren arteriellen Verschlusskrankheit leiden. In westlichen Industriestaaten tritt das Gebrechen, im Volksmund auch als „Schaufensterkrankheit" bekannt, bei 18 Prozent der Gesamtbevölkerung auf. Durch die Verkalkung der Schlagadern verschließen sich die Gefäße der Gliedmaßen zunehmend. Anfänglich spürt der Patient Kälte- und Taubheitsgefühle, meist in den Beinen. Im zweiten Stadium, in dem sich der vermeintliche Missetäter wahrscheinlich befindet, treten krampfähnliche Muskelschmerzen beim Gehen auf, die zum Pausieren zwingen. Ist gerade kein Schaufenster in der Nähe, in das man schauen kann, wird halt auf die Platzsuche im Bus ausgewichen. Von gesunden Mitbenutzern der öffentlichen Verkehrsmittel wäre in solchen Fällen mehr Einfühlungsvermögen und Hilfestellung wünschenswert – auf keinen Fall aber die vorschnelle Annahme, es handle sich um rüpelhaftes Benehmen, das mit eben solchem beantwortet werden müsste.

Annette Scharnberg

Darf man als Mann den Scheitel auch am Hinterkopf machen, um mehr eigenes Deckhaar nach vorn zu bekommen?

Solche Frisuren verkommen beim kleinsten Windstoß zu Himmelfahrtsrampen, und Sie machen sich zum Gespött Ihrer Umwelt. Darum: Finger weg von diesem Täuschungsmanöver. Jedoch: Rasieren Sie auch den verbliebenen Haarrest weg und kombinieren Sie die so erlangte Billardkugel mit schwarzen Rollkragenpullovern oder auffällig gemusterten Halsschärpen. Wenn Sie Mut haben, peppen Sie den Telly-Savalas-Look zusätzlich mit einer grün getönten Pilotenbrille auf. Sie werden bei Frauen und Männern gleichermaßen für Begeisterung sorgen.

Franziska K. Müller

Darf man der Dame, die in der Oper vor uns sitzt und sich zur standing ovation erhebt, die Abendrobe aus der Pospalte ziehen?

Zugegeben, die exzentrische Tragweise der Abendrobe von besagter Dame mag etwas irritierend sein. Trotzdem würde ich Ihnen von derartigen Handgreiflichkeiten abraten. Und zwar ganz einfach deshalb, weil es sich nicht ziemt, an fremdem Tuch zu zupfen. Und sehen Sie, auch wenn zu befürchten ist, dass sich der Tenor ein weiteres Mal in die himmlischen Gefilde hoher Tonlagen hinauf schwingt und die Dame noch einmal aus dem Gestühl springt, können Sie sich doch mit großer Sicherheit annehmen: Noch ehe der Held zum dritten Mal kräht, wird sich das Problem von selbst gelöst haben.

Katja Alves

Darf man Scheidungen fotografieren? Hochzeiten werden immer, Scheidungen dagegen nie fotografiert, obwohl beides freudige Ereignisse sein können.

Für diesen Vorschlag sollten Sie einen Orden bekommen. Was für eine wunderbare Idee! Herkömmliche Familienfotos wurden ja eigens erfunden, um Mitmenschen zu ärgern. Hochzeits-, Ferien-, Babyfotos: Nervt alles. Schließlich war man selbst nicht mit auf Fuerteventura, aß nicht von der Hochzeitstorte, und sehen Säuglinge nicht alle gleich aus? Natürlich gibt das keiner zu, und wir alle lächeln heuchlerisch ob des fremden Glücks auf Hochglanz. Doch auf einmal wird der Spieß umgedreht, und ein Scheidungsfoto flattert ins Haus! Jetzt haben wir, die Unbeteiligten, Grund zur Freude. Haben wir nicht von Anfang an gewusst, dass die beiden nicht zusammenpassen? Dass sie einen anderen hatte und er zu viel trank? Das Foto kommt als Vergrößerung an die eigene Wand. Einige Fragen drängen sich aber dennoch auf: Wann genau findet die zu fotografierende Scheidung statt? Sollte es nebst standesamtlichen Scheidungen nicht auch kirchliche geben? Schießt man zwei verschiedene Fotos, oder muss das Paar ein letztes Mal auf ein gemeinsames? Bei wem sind die Kinder und Haustiere mit drauf? Da Sie hier ein Pionier sind, haben Sie völlig freie Hand für Ihre Kreationen. Der eine oder die andere unter uns wird sie brauchen können.

Güzin Kar

Darf eine Frau einem Herrn in den Mantel helfen? Immer wieder komme ich als Frau in Versuchung, nach einem Restaurantbesuch einem Kollegen oder dem Chef in den Mantel zu helfen. Diese reagieren jeweils sehr verlegen.

Ich bin sicher, dass Sie in bester Absicht handeln. Trotzdem sollten Sie die Finger von den Mänteln Ihrer männlichen Kollegen lassen. Ihre freundliche Hilfsbereitschaft könnte Ihnen sonst als mütterliche Fürsorge ausgelegt werden, was Ihre Kollegen umgehend dazu animieren wird, Sie zu weiteren Hilfeleistungen aufzufordern, die ins Uferlose gehen könnten. Hemden bügeln, Knöpfe annähen und tröstende Worte sprechen, wenn die Konkurrenz mal wieder gemein war. Solcherlei Tätigkeiten könnten schon bald zu Ihrem Berufsalltag gehören. Möchten Sie das wirklich? Nein, überlassen Sie die zappelnden Arme der Herren Kollegen dem Restaurantpersonal. Auch falls dieses nicht auftaucht, dürfen Sie zuversichtlich sein. Die Herren werden die passenden Mantelöffnungen schon finden. Sie sind es gewohnt, knifflige Situationen zu meistern. Das kommt vom Golfspielen und so.

Katja Alves

Darf man einen Säugling im Restaurant stillen?

Ihre Frage schreit, wie Ihr Säugling, nach einer differenzierten Antwort, und ich fürchte, dass diese niederschmetternd ausfällt. Denn selbstverständlich sucht kein Mensch, der nicht (zum Beispiel durch elterliche Glückshormone) unzurechnungsfähig geschrieben wurde, freiwillig ein Lokal auf, in dem Mütter ihren quäkenden Säuglingen die Brust verabreichen. Außer: Das Lokal ist gut. Oder: Die Mütter. Das ist selten deckungsgleich, deswegen prophylaktisch die kategorische Absage: Nein. Man darf nicht.

Christian Seiler

Darf man bei einem Festakt die offiziellen Dokumente in einer rosa Plastikmappe übergeben?

Ja, aber Achtung! Bei der Farbwahl einer Plastikmappe ist unbedingt Vorsicht geboten! Wird beispielsweise eine Green Card unter rosa Plastik gestülpt, schimmert sie dem Empfänger braun entgegen. Das könnte zu verheerenden Missverständnissen führen. Also immer schön die Farbmischung im Auge behalten!

Annette Scharnberg

Darf man sich als verliebtes Paar im Restaurant über den Tisch küssen?

Gegenfrage: Deuten Sie damit an, dass sich langjährige Paare bei Tisch nicht küssen dürfen? Wie auch immer. Grundsätzlich muss von einem solchen Verhalten abgeraten werden. Dagegen spricht: Die öffentliche Küsserei bei Tisch ist unhygienisch und wenig elegant. Es sieht, offen gesagt, auch ein wenig bescheuert aus, wenn zwischen Spinatravioli und Lachstatar demonstrativ auf ein Liebesglück hingewiesen wird, das vielleicht im privaten Rahmen zu Hause inexistent ist. Besser als öffentliches Küssen über dem Tisch ist Fummeln unter dem Tisch.

Franziska K. Müller

Darf man aktives Mitglied im Tierschutzverein sein und abends genussvoll Fleisch verzehren? Womöglich noch mit der Überzeugung, Biofleisch zu essen?

Darauf gibt es zwei Antworten, und beide lauten ja. Tierschützer dürfen Fleisch essen, weil ihre Aufgabe zweifellos darin besteht, dass es ihren Lieblingen vor dem Ableben gut geht. Tierschützer, die gleichzeitig Feinschmecker sind, denken dabei auch ein wenig an sich. Sie füttern edle Hochlandrinder freundlich mit Bier, weil diese dann nach der Schlachtung deutlich besser schmecken. In diesem Fall haben alle Rindviecher was davon, und das kann nicht unmoralisch sein.

Christian Seiler

Darf man eine stets mürrische Kassiererin eines Supermarktes tadeln?

Natürlich dürfen Sie! Doch es stellt sich die Frage: Was versprechen Sie sich von Ihren Erziehungsmaßnahmen am Förderband? Rechnen Sie etwa damit, dass die Grimmige Ihnen hernach um den Hals fällt und Sie mit Rabatt-Punkten überhäuft? Ich denke, Ihre tadelnden Worte dürften auf die Kassiererin ungefähr so stimmungserhellend wirken wie der bloße Anblick von Johanniskrautbeuteln im Teegestell. Sehen Sie, vielleicht hat die Frau ja auch einen Grund, so griesgrämig aus der Schürze zu schauen. In den Supermärkten wird bekanntlich alles billiger, so wahrscheinlich auch die Ausreden des Filialleiters, wenn es um die längst fällige Lohnerhöhung geht. Aber ich gebe zu, das ist nicht Ihr Problem. Sie dürsten nach einem

Lächeln, einem freundlichen Wort, nach Nächstenliebe. Nun, dann machen Sie den Anfang! Überschütten Sie die Frau mit Komplimenten, kleinen Aufmerksamkeiten, Pralinen, Blumensträußen, was weiß ich. Sie werden sehen, das wirkt Wunder. Oder aber, Sie wechseln ganz einfach die Kasse.

Katja Alves

Darf man bei einer Einladung zu einem selbstgebackenen Kuchen fünf Stück essen und die Ränder und Ecken liegen lassen?

Was soll denn das für eine Einladung sein zu einem selbstgebackenen Stück Kuchen? Befinden wir uns im Strickmantelpaläozoikum? Und dann erst: fünf Stück? Sind Sie zuckerkrank und suizidal veranlagt? Oder wiegen Sie 180 Kilo, und haben Sie eine Heidenangst, mit einem Magersüchtigen verwechselt zu werden? Okay, die Antwort: Wer eine Einladung zu einem selbstgebackenen Stück Kuchen ausspricht, verdient nichts Besseres, als dass diese tatsächlich angenommen wird, und zwar, siehe Frage, mit allen Konsequenzen.

Christian Seiler

Darf man Blumen und Beeren, die über einen Gartenzaun auf die Straße hinaushängen, für sich beanspruchen? Als Kind wurde mir beigebracht: Alles, was über den Zaun hängt, gehört dem Volk.

Die Frage nach den Blumen und Beeren ist zweitrangig. Im Vordergrund steht die Diskussion, wie Sie mit den Dingen umgehen, die Ihnen „als Kind beigebracht" worden sind. Gehen Sie nur bei Grün über die Straße? Sprechen Sie nicht mit fremden Männern? Binden Sie sich zum Essen einen Latz um? Falls Sie dreimal mit Ja antworten, wird es Zeit, sich zu lösen. Als Akt der Rebellion lassen Sie die Pflanzen stehen – eine Auflehnung gegen Ihre offensichtlich kommunistischen Eltern (Ihnen wurde beigebracht

„alles […] gehört dem Volk"). Ihre Opposition sieht zwar niemand, aber Sie fühlen sich gut. Und bald werden Sie auch das mit dem Latz in den Griff bekommen.

Simon Brunner

Darf frau ihren Geldbeutel in der Gesäßtasche tragen?

Keine heterosexuelle Frau würde dies freiwillig tun, denn der ästhetische Effekt auf das Hinterteil wäre verheerend. Das Gegenargument von eingefleischten Handtaschengegnerinnen lautet, eine solche Maßnahme sei praktischer Natur. Die sollten sich ein Beispiel an den glamourösen Partygirls nehmen: In deren winzigen Paillettentäschlein haben auch nur Lippenstift und ein paar Drogen Platz. Die Geldnoten bewahren sie zusammengefaltet im Strumpfband oder in der Socke auf, und anfallende Münzen werden als Trinkgelder verwendet.

Franziska K. Müller

Darf man einen Gesprächspartner auf seine Grammatikfehler aufmerksam machen?

Die Art, wie Sie die Frage stellen, lässt darauf schließen, dass Sie eigentlich gerne auf Grammatikfehler aufmerksam machen würden, es aber, vermutlich aus Angst vor gesellschaftlichen Repressalien, nicht oder nicht immer tun. Mir ist wichtig, dass Sie Ihren Trieben nachgeben. Manche Leute sammeln Schirmständer, andere lieben Latex, dritte müssen ständig putzen. Und Sie wollen Grammatikfehler korrigieren. Bestens! Go for it! Nur auf eine kleine Sache möchte ich Sie aufmerksam machen: Unter Umständen kann Ihr Korrigier-Trieb mit anderen Trieben kollidieren. Wägen Sie sorgfältig ab, was Ihnen dann wichtiger ist. Fragt Sie beispielsweise Ihre neue Bekanntschaft: „Gehen wir zu mir oder zu dich?", würde ich den Korrigier-Trieb unterdrücken und samtig hauchen: „zu mich".

Simon Brunner

Darf man im Zug auf die Frage - Ist hier noch frei? - auch mit einem dezidierten Nein antworten?

Ja, sofern Sie der Lokomotivführer sind. Oder falls der Fahrgast auf einen Sitz zeigt, der tatsächlich besetzt ist. In allen anderen Fällen gilt: Der Platz ist noch frei. Öffentliche Verkehrsmittel sind Volksgut, und das Volk sieht nicht immer so aus, wie man es gerne hätte. Vor allem riecht und verhält es sich oft nicht wunschgemäß. Das, was sich neben einen setzt, kann man sich nur bedingt aussuchen. Eine gewisse Selektion wird immerhin durch die Wagenaufteilung vorgenommen: Raucher und Nichtraucher (noch), Ruhewagen, Speisewagen. Mehr gibt es nicht. Wer die totale Kontrolle über seine Sitznachbarschaft haben möchte, muss entweder Taxi fahren oder das ganze Abteil reservieren. Oder Lokomotivführer werden.

Güzin Kar

Dürfen Geschenke aus beendigten Beziehungen nach Jahren zurückgefordert werden?

Will ein Mann – zu welchem Zeitpunkt auch immer – Geschenke zurück, die er in Liebe ausgehändigt hat, handelt es sich in der Regel nicht um wertlosen Krimskrams. Sondern um Juwelen. Also um Dinge, die einer Frau ans Herz wachsen und die sie – ähnlich wie Kinder oder Haustiere – behalten will. Es stellt sich daher eher die Frage, ob eine solche Rückgabeforderung auf offene Ohren stoßen muss. Die Antwort lautet: nein. Im Gegensatz zu Präsenten, die Frauen von ihren Exmännern zurückwollen – Fotoausrüstungen, Cabriolets, Hi-Fi-Anlagen –, können winzige Schmuckstücke zudem leicht verloren gehen. Im Fall von unklaren Besitzverhältnissen verschwanden auch schon ganze Schmuckschatullen vom Erdboden. Selbst wenn es sich bei den Preziosen um Verlobungsgeschenke handeln sollte – die müssen laut Gesetz an den Schenkenden retourniert werden, wenn das Heiratsversprechen vom Beschenkten nicht eingelöst wird: Weg ist weg. Was kann man da machen? Nicht viel. Äußert er einen Verdacht im Stil von: „Du hältst die Brillanten und das Gold irgendwo versteckt", drehen Sie den Spieß einfach um und bezichtigen ihn des Diebstahls Ihrer Schmuckstücke. Es werden Monate, wenn nicht Jahre verstreichen, in denen Funkstille herrscht. Schon möglich, dass die Steine nach dieser zeitlichen Schonfrist – und aus Vorsichtsgründen neu gefasst? – plötzlich wieder auftauchen. Dort, wo sie hingehören: in Herznähe der Frauen.

Franziska K. Müller

Darf man nach dem Schnäuzen ins Taschentuch schauen?

Interessant wäre es zu wissen, was Sie in Ihrem Taschentuch anderes vorzufinden erwarten als Schleim. Die Nase? Perlen? Ein kleines Monster? Bei einigen Menschen sollen sich gar bei jedem Schnäuzen Stücke des Hirns ablösen. Da ist eine gewisse Neugier schon angebracht. Nein, im Ernst: Reinschauen ist ein Reflex, denn jeder weiß, was er sehen wird. Sie dürfen Ihrem Impuls nachgeben, sofern keine Menschen in der unmittelbaren Nähe sind. Sollten Sie aus medizinischen Gründen ins Taschentuch sehen müssen (bei Neigung zu Nasenbluten etwa), tun Sie es bitte diskret. Auf gar keinen Fall dürfen Sie den Inhalt laut kommentieren oder jemandem zeigen. Selbst wenn sich ein einäugiger Mini-Golem in Ihrem Taschentuch wälzen sollte, werfen Sie es bitte weg.

Güzin Kar

Darf man während des Telefonierens die Toilette aufsuchen?

Kommt drauf an. Wenn das Telefongespräch länger als 16 Stunden dauert, würde ich Ihnen, Ihrer Gesundheit zuliebe, dringend zum gelegentlichen Aufsuchen einer Toilette raten. Ansonsten, nein! Auf gar keinen Fall. Niemand möchte sich beim Telefonieren die Nachrichten aus dem Darmtrakt seines Gesprächspartners anhören. Und ein plötzlich einsetzendes tosendes Rauschen, das sich nicht durch die Anwesenheit der Niagarafälle erklären lässt, ist ebenfalls kein Ohrenschmaus. Zwar sind sehr viele Menschen nur allzu gerne dazu bereit, ein uneingeschränktes Sammelsurium an Erfahrungen mit ihren Mitmenschen zu teilen, aber der Telefonhörer neben der WC-Muschel wird trotzdem nie zum guten Ton gehören.

Katja Alves

Darf man den Besuch eines Fußballspiels zur Kultur zählen?

Ich geb's zu, ich schau mir die spannenden Fußballspiele lieber zu Hause im Fernsehen an. Warum? Man ist einfach näher dran und hat all die Replays und scharfen Analysen. Dazu kommt: Seit meinen eigenen Rock-'n'-Roll-Arena-Auftritten bin ich verwöhnt. Seien wir ehrlich: Richtig gut ist's, wenn man selbst auf der Bühne bzw. dem Rasen steht, sprich den besten Platz im Hause hat. Trotzdem ist für mich der Besuch eines Matches Kultur. Man trifft die unterschiedlichsten Menschen, hört die unglaublichsten Gesänge und findet die miesesten Bratwürste gut. Das Spiel, das sich immer wieder aus dem Moment heraus neu erfindet und von seinen Akteuren neu erfunden werden muss, ist in seiner Kreativität unbestritten Kultur. Natürlich auch Big Business, aber mich fasziniert vor allem die Kultur des Spielens. Alles ist Kultur, was uns näher zu uns selbst bringt. Das kann ein gutes Match mit all seiner Dramatik und seinen Widersprüchen. Im idealen Fall hilft Fußball sogar, uns selbst und das Leben etwas besser zu verstehen.

Chris von Rohr
Musiker und TV-Moderator

Darf man mit dem Rauchen aufhören und dann trotzdem immer bei anderen Zigaretten schnorren?

Man sollte sogar schnorren – wenn man schon zu schwach ist, wirklich aufzuhören. So lässt sich immerhin die Hoffnung nähren, beim nächsten Versuch könne es gelingen. Wie? Schnorrend setzt sich der vermeintliche Nichtraucher der Blamage aus, mal wieder gescheitert zu sein. Und wer erträgt das schon gern, zumal: immer wieder? Natürlich bedarf es gleichzeitig des Eingeständnisses vor sich selbst, versagt zu haben. Nur so findet man keinen Trost in der Selbsttäuschung, man schnorre nun ja nur mal eine und dabei bleibe es. Nein, man muss zu der Einsicht gelangen: Früher oder später kaufst du dir ohnehin ein neues Päckchen. So viel Ehrlichkeit stärkt den Charakter, und nur der

Charakterstarke wird zum Nichtraucher. Unterwegs macht man sich Freunde. Jeder Raucher ist dankbar für den, der nicht abtrünnig wird, sondern genauso süchtig ist wie er selbst.

Nina Streeck

Darf man das Essen nachsalzen, wenn man zu Besuch ist?

Ja. Sie dürfen nachsalzen, wenn es sich bei dem Gericht, das Ihnen zu fad vorkommt, nicht unbedingt um eine Schwarzwälder Kirschtorte handelt. Wenn Ihr Gastgeber seine Gäste liebt und ihre unterschiedlichen Würzgewohnheiten respektiert, wird er ohnehin ein Schüsselchen mit Meersalz auf den Tisch stellen, gleich neben die Pfeffermühle. Nach Salz zu fragen, wenn es sich nicht auf dem Tisch befindet, ist allerdings eine noch größere Unhöflichkeit, als kein Salz auf den Tisch zu stellen.

Christian Seiler

Darf man mit Google nachsehen, was sich über eine Person findet, die man eben kennengelernt hat?

Was, um Himmels willen, spräche dagegen? Zu wissen, erspart manche Enttäuschung. Stellen Sie sich vor: Sie sind eine konsequente Pazifistin und lesen unter dem Stichwort „Schützenverein Hintertupfing", dass der neue Bekannte dessen Präsident und ein großer Waffennarr ist. Oder der Mann hat Ihnen erzählt, er sei weltberühmt, und Sie finden heraus: Bei Google hat er null Einträge. Die Schweizer Uralt-Methode, um in Erfahrung zu bringen, ob eine Person allein lebt, kennen Sie gewiss: Sie geben unter tel.search.ch seinen Namen ein – nennen wir ihn Otto Schläfer –, dann erscheint eine Telefonnummer. Nachher geben Sie nur diese Telefonnummer ein. Erscheint auf dem Bildschirm jetzt neben Otto Schläfer auch Kunigunde Seufzer, können Sie sicher sein, dass Ihr Bekannter im Konkubinat lebt. Und es wäre doch schade, wenn Sie ihm Ihr bestes Silber und ein sechsgängiges Menü aufgetragen hätten und beim Abschied erführen, dass er liiert ist.

Marianne Fehr

Darf man nach einem erfolgreichen One-Night-Stand gehen? Oder wie lange muss ein Mann mindestens anwesend bleiben?

Wieso „muss"? Was macht Sie so sicher, dass Ihr Längerbleiben überhaupt erwünscht ist? Aber gehen wir davon aus. Ein One-Night-Stand dauert, wie der Name sagt, eine ganze Nacht. Keine halbe, nicht zwei Stunden oder zwanzig Minuten. Denn dann wär's ein Quickie, und da ist es egal, wer wann geht, Hauptsache man kommt. Ein One-Night-Stand hat bereits den Charakter einer Mini-Beziehung: Man lernt sich kennen, verbringt die Nacht miteinander, verabschiedet sich. Und weil alles binnen kurzer Zeit passiert, ist hier das Drumherum ebenso wichtig wie der Liebesakt selbst. Sofern erwünscht, sollten Sie bis zum Morgenkaffee bleiben. Das zeugt von

Stil. Aber Achtung: Manch einer ist nach einem angeregten Frühstücksgespräch schon sein Leben lang geblieben. Und ist darüber gar nicht mal so unglücklich, wie man hört.

Güzin Kar

Darf man einer Person ohne Vorwarnung mit frisch eingecremten Händen zum Gruß die Hand geben?

Natürlich, sofern man zur Begrüßung Handschuhe trägt. Alles andere erachte ich als eine unangenehme Konfrontation mit Fremdkörperfetten. Da vermag auch der Hintergedanke, seinem Gegenüber Gutes zu tun, indem man es an der Mandelcreme teilhaben lässt, nicht darüber hinwegzutäuschen. Ein fester Händedruck gilt in unserer Kultur als Zeichen des freundlichen Respekts. Nicht aber, wenn zwischen den einzelnen Fingern Reste von weißlicher Handcreme hervorquellen und die fremde Hand davonglitscht wie eine Olive im sommerlichen Meeresfrüchtesalat. Da würde übrigens auch eine Vorwarnung mitnichten dazu beitragen, die Abscheu vor dem schlüpfrigen Händedruck zu minimieren. Wie gesagt, im Zweifelsfalle rate ich zum Tragen von Handschuhen. Da kann nichts schiefgehen. Auch die Queen von England, als leuchtendes Beispiel der vollendeten Etikette, trägt in der Öffentlichkeit immer solche. Wobei ich Ihnen nicht hundertprozentig versichern möchte, dass das allein an ihren eingecremten Fingern liegt.

Katja Alves

Darf man, wenn man nichtreligiöse Gäste bei Tisch hat, ein Tischgebet sprechen?

Diese Situation kann tatsächlich, vor allem für den Nichtgläubigen, ein wenig unbehaglich werden, insbesondere, wenn er sich bei Mitgliedern von Freikirchen wiederfindet, die sich beispielsweise vor jedem Essen routinemäßig in die Arme fallen oder zusammen Obertonreihen singen. Den Gläubigen selbst bereitet das naturgemäß weniger Schwierigkeiten, weil sie ja hoffen, den Ungläubigen mit ihrer Lebensfreude oder ihrer religiösen Hingabe anzustecken. Ich möchte Ihnen nicht zu nahe treten, aber mir scheint, die Tatsache, dass Sie diese Frage stellen, beweist, dass Ihr Glaube zumindest bereits Risse aufweist oder Sie eine sehr liberale Auffassung von Religion hegen. In diesem Falle könnten Sie – politisch ganz korrekt – die Eingeladenen zuerst um Erlaubnis fragen beziehungsweise überhaupt erst deren Gläubigkeit abklären. Das könnte allerdings die Peinlichkeit noch erhöhen. Ein Ausweg wäre, die Betreffenden einfach in Ihr stummes Gebet einzuschließen. Aber streng genommen, vor allem, wenn Sie an die Wirksamkeit von Gebeten glauben, müssten Sie auch in diesem Falle zuerst um deren Einwilligung ersuchen, um metaphysische Übergriffe zu vermeiden.

David Signer

Darf man als erwachsener Mann den Teddybären aus der Kindheit ungeniert auf seinem Bett präsentieren und diesen Anblick einem breiteren Publikum zugänglich machen?

Sicher dürfen Sie! Sie brauchen sich nicht von Ihrer Plüsch-Menagerie zu trennen, falls Ihnen diese so sehr am Herzen liegt. Es soll ja auch Herren geben, die ganz andere Relikte aus der Kindheit aufbewahren. Zum Beispiel ihre längst verblichenen Mütter in Schaukelstühlen, was uns dann doch etwas unappetitlich erscheint. Wer möchte Ihnen da versagen, so ein niedliches, knopfäugiges Überbleibsel aus Kindertagen ins Erwachsenenalter hinüberzuretten? Niemand! Zudem gibt es verschiedene Völker, die glauben, dass sie vom Bären abstammen. Was mich hingegen beschäftigt, ist die Tatsache, dass Sie offenbar die Angewohnheit pflegen, Ihr Schlafgemach, wie Sie schreiben, „einem breiteren Publikum zugänglich zu machen". Ist das so üblich, da, wo Sie wohnen? Nun ja, das geht mich ja eigentlich nichts an. Und wie gesagt, das mit dem Bären ist schon in Ordnung.

Katja Alves

Wie viele Jahre darf man der Exfreundin noch zum Geburtstag gratulieren?

Ein Leben lang. Die verflossene Liebe ist Teil von Ihnen, Sie sind ihr ewig zu Dank verpflichtet. Hat Sie aus Ihnen einen Mann gemacht oder Ihnen das Kochen beigebracht? Ihre Leidenschaft fürs Klarinettenspiel geweckt oder Ihre Karriere in Schwung gebracht? Ihre Ablösung von den Eltern erreicht oder Ihr Drogenproblem gelöst? Und auch wenn Sie über keine so positiven Einflüsse der Ehemaligen berichten können, war ihre Prägung fundamental: Haben Sie sich oft gestritten? Dank ihr sind Sie nun konfliktfähig. Ging sie immer fremd? Dank ihr sind Sie nicht mehr so possessiv. Hatten Sie sich nichts mehr zu sagen? Dank ihr können Sie heute auch stille Momente aushalten. Und so weiter. Oftmals reagiert die momentane Freundin etwas gereizt, wenn man in zu hohen Tönen von der ehemaligen spricht. Doch eigentlich sollte sie dankbar sein, denn das Spitzenprodukt, das sie genießt, wurde erst durch die harte Fronarbeit ihrer Vorgängerinnen zum Prachtwerk. Fazit: Sie sind verpflichtet, Ihrer Ehemaligen zu gratulieren. Und Ihre jetzige Freundin sollte ein kleines Präsent mitreichen.

Simon Brunner

Darf man sich während der Zugfahrt seiner Schönheitspflege widmen, wie etwa dem Schneiden und Feilen der Fingernägel?

Sicher nicht: was für eine unappetitliche Idee. Stellen Sie sich vor, ein Stück Ihres Fingernagels landet auf dem Käsesandwich Ihres Gegenübers. Auch Schminkaktionen sind in öffentlichen Verkehrsmitteln nicht erlaubt und entbehren jeglicher Eleganz. Mitreisende werden sich zudem unweigerlich fragen, ob Sie a) kein eigenes Badezimmer zur Verfügung haben oder b) nach einem One-Night-Stand unvermittelt auf die Straße gestellt wurden. Falls das eine oder andere zutreffen sollte, benehmen Sie sich wie eine Dame: Suchen Sie sich eine parkierte Luxuskarosse aus – ein Oldtimer wäre natürlich chic – und ziehen Sie die Lippen nach, indem Sie den Seitenspiegel benutzen. Was das Schneiden, Feilen, Polieren der Fingernägel anbelangt: Solche Verschönerungsarbeiten lassen sich in aller Ruhe im Büro erledigen.

Franziska K. Müller

Darf man heutzutage als an die Wissenschaft glaubender Mensch an die ewige Liebe glauben?

In Fragen des Glaubens stellt sich die Frage „darf man?" nicht. Man glaubt, oder man glaubt nicht. Und es gibt sogar jene, die sagen: „Ich glaube, gerade weil es absurd ist." Zudem hat Glauben auch immer mit Hoffen zu tun. Und Hoffen ist unserem Willen und erst recht gesellschaftlichen Normen entzogen. Mir scheint, wer nicht mehr an die wahre, tiefe, umfassende Liebe glaubt („ewig" lasse ich jetzt mal weg, da wir ja alle sterblich sind), ist psychisch tot. Mir ist auch kein wissenschaftlicher Befund bekannt, der diese Hoffnung zunichte machen könnte (Die hohen Scheidungsraten zeigen lediglich, dass immer noch geheiratet wird, der Glaube an die ewige Liebe also intakt ist). Im Gegenteil: Was bleibt uns denn in dem eisigen

Wind des Rationalismus noch, um uns abends ein bisschen aufzuwärmen, außer der Liebe oder zumindest der Sehnsucht danach?

David Signer

Darf man mit einem Body-Mass-Index von 29 (normal wäre 23) genüsslich ein Riesen-Cordon bleu mit Pommes frites verschlingen, dazu ein Weißbier trinken, wenn sich der Rest der Tafel mit einem Fitnessteller oder dem gemischten Salat begnügt?

Ja, das ist ein Statement, das mir gefällt. Und wenn Sie aus Neuenhof einmal nach Zürich runterkommen, empfehle ich Ihnen für Cordon bleu-Angelegenheiten wärmstens den „Bierfalken" an der Löwenstraße oder die „Rheinfelder Bierhalle" im Niederdorf, wo es das legendäre Jumbo Jumbo gibt. Im Nu bringen Sie Ihren

BMI über die magische 30-Punkte-Grenze, oberhalb derer man erst als „fettleibig" gilt.

Simon Brunner

Darf man ablehnen, wenn einem jemand das Du anträgt? Und falls ja, wie mache ich es, ohne mein Gegenüber zu brüskieren?

Kein Problem! Ablehnen darf man immer. Nur ist es so, dass eine Zurückweisung kaum auf große Sympathie stoßen dürfte. Es könnte sogar geschehen, dass man seine Mitmenschen ziemlich vor den Kopf stößt und hernach als verkorkster Pflock verschrien wird. Möchte man das? Nein, das möchte man nicht! Die Ablehnung sollte daher mit einem einleuchtenden Grund gepaart werden.„Tut mir leid, ich kann das Du nicht annehmen, weil ich nicht einmal meine eigenen Kinder duze." Oder: „Ich duze nur Menschen, mit denen ich schon einmal in der Badewanne saß." (Hier besteht allerdings ein gewisses Risiko, dass man einem solchen

Duz-Ritual Vorschub leistet.) Aber wie dem auch sei, ich denke, Ihnen ... oder darf ich du sagen? Also dir werden noch viel bessere Ausreden in den Sinn kommen.

Katja Alves

Darf ich einer Frau sagen, dass ich auf einen Sprung vorbeikomme?

Was immer Sie unter einem „Sprung" verstehen, es ist völlig in Ordnung, die Dame vorzuwarnen. So kann sie Vorbereitungen verschiedener Art treffen: Tee für zwei kochen, sich schön machen, je nach Sprungart Matten oder Matratzen auslegen. Noch besser wäre es allerdings, Sie würden Ihre Ankündigung als Frage verpacken, dann könnte die Frau ein Veto einlegen, falls gerade kein Tee, dafür aber der Ehemann im Haus wäre, der womöglich keine große Freude an Ihren Sprüngen hat.

Güzin Kar

Darf man bei einem Aperitif mit Gemüsedips das bereits angebissene Gemüsestück noch einmal in die Dipsauce tauchen?

Nein. Mit angebissenen Lebensmitteln in der Dipsauce für alle herumzurühren, ist ungefähr so verboten, wie mit ungewaschenen Händen nach dem Besuch des Pissoirs in die Schale mit den Nüsschen zu greifen. Deshalb sind – jetzt aus der Warte des Dip-Providers gesehen – auch nicht ganze Karotten oder Lauchstangen zu verteilen, sondern kleine, mundgerechte Portionen, von denen höchstens Barbie-Puppen genüsslich abbeißen könnten. Wenn die Dipsauce unwiderstehlich ist, müssen Sie also offensiv das ganze Schüsselchen unter Kontrolle bringen: Das ist zwar asozial, aber wenigstens kein Verstoß gegen den hygienischen Vertrauensgrundsatz.

Christian Seiler

Darf eine emanzipierte Frau in der heutigen Gesellschaft einen Damenbart tragen?

Nein. Egal ob emanzipiert oder nicht. Und: egal ob Frau oder Mann. Bärte sind verboten! Bärte sind unhygienisch! Bärte kratzen, Bärte jucken. Bärte sind hässlich. Mehr gibt es dazu nicht zu sagen.

Annette Scharnberg

Darf man sich als älteres Semester nach einer hübschen Frau umdrehen (natürlich ohne zu pfeifen, schnalzen usw.)?

Nein, das dürfen Sie nicht, Monsieur. Sie müssen. Haben Sie verstanden, Sie müssen! Ist Ihnen als älteres Semester denn Ihre Vorbildfunktion für jüngere Jahrgänge nicht bewusst? Gerade für Sie, der Sie verstanden haben, dass hübsche Frauen zu ihrem Leidwesen meistens entweder mit Ignoranz oder mit obszönem Schnalzen bedacht werden, gilt: bewundernd umdrehen, was das Zeug hält. Die Frauen werden es Ihnen danken. Sollten Sie auf neidische Blicke anderer, jüngerer Männer treffen, die fragen: „Warum darf der das jetzt?", sagen Sie einfach: Ich darf nicht, ich muss. Ich wurde von Frau Kar dazu aufgefordert.

Güzin Kar

Darf man totgefahrenes Wild nach Hause nehmen und verspeisen?

Sie verwirren mich. Sind Sie ein Kühlergrilljäger? Muss ich Sie erst daran erinnern, dass Sie, sobald Sie ein Viech überfahren haben, verpflichtet sind, die Polizei zu verständigen, damit die Kadaver entsorgt werden können? Oder finden Sie als mobiler Lämmergeier die aufgeplatzten Hasen, deren Innereienrot so gut zum Schwarz der Bremsspuren passt, appetitlich genug, um an einen Hasenpfeffer zu denken? Tja. Wenn das so ist, dann guten Appetit. Als Getränk würde ich Ihnen freilich etwas Hochprozentiges empfehlen, zum Beispiel Formalin.

Christian Seiler

Darf man den tiefen Ausschnitt einer Dame den ganzen Abend lang ignorieren?

Nein. Auf gar keinen Fall darf man das. Nicht einmal, wenn man schwul ist. Ein tiefer Ausschnitt ist geradezu dafür erfunden worden, beachtet zu werden. Man darf aber in einigen Fällen so tun, als ignorierte man ihn: Wenn es sich um eine Frau handelt, die sich ihrer Wirkung allzu sicher ist. Wenn die entblößten Frauenteile fürchterlich aussehen. Wenn besagte Teile zur Frau des Chefs gehören und ganz und gar nicht fürchterlich aussehen. In all diesen Fällen tut man besser so, als hätte man nichts gesehen.

Güzin Kar

Darf man, nur so zum Spaß, ein Radio über eine Badewanne halten, in der die Partnerin liegt, und drohen, es fallen zu lassen?

In jedem Spaß steckt ein Funken Wahrheit, die Frage muss also lauten: Wie viel Wahrheit kann Ihre Beziehung vertragen? Und egal, wie lange Sie schon mit Ihrer Partnerin alles und nichts teilen, so gefestigt, dass sie diese Art der Radio-Aktivität aushält, so gefestigt kann Ihre Beziehung nicht sein. Da könnten Sie ja auch auf die Frage „Bin ich zu dick?" eine Sekunde mit der Antwort zögern. Das würden Sie doch nicht mal für Immobilien tun, nicht wahr? Nein, ein Radio dürfen Sie selbst dann nicht über die Badewanne halten, wenn sich Ihre Partnerin mit Ihrem Rasierer die Beine rasiert oder was auch immer. Nicht einmal, wenn Ihr Radio batteriebetrieben oder die Wanne leer ist, geht das. Und sollte es Ihrer Partnerin gefallen, sich in eine leere Badewanne zu legen, dann haben Sie sowieso ganz andere Probleme. Haben Sie aber offensichtlich nicht, und deshalb weiter im Ernst. Sollten Sie jetzt sagen: „Ich meinte ja nur“, dann muss ich leider laut werden: DIE ERKLÄRUNG „ICH MEINTE JA BLOSS“ HAT SCHON MEHR BEZIEHUNGEN GEKILLT ALS EIN GIGOLO. Und wenn das Radio-über-die-Badewanne-Halten ironisch gemeint sein sollte, kann ich Ihnen aus Erfahrung sagen: Im Krieg und in der Liebe kommt man mit Ironie nicht weiter.

Ingolf Gillmann

Darf man CDs, die man als Geschenk für Freunde gekauft hat, vor der Bescherung noch schnell auf den iPod laden?

Der Vorteil digitaler Inhalte ist, dass sie sich durch die Benutzung nicht verändern – im Gegensatz zu gebrauchten Autos, Socken oder Apfelkuchen ist eine bereits gehörte CD substanziell weder schlechter noch weniger geworden. Im Zweifel merkt es der Beschenkte nicht einmal, dass sie gebraucht ist. Außerdem haben gebrauchte Geschenke eine lange Tradition, auch wenn als Adjektiv dann meist „antik" verwendet wird. Insofern sehe ich nur ein Problem: Geschenke haben eine Funktion. Sie sollen Wertschätzung ausdrücken – nicht nur vortäuschen. Sie dürfen also Ihre armseligen gebrauchten CDs verschenken. Aber bitte nicht an mich.

Michalis Pantelouris

Darf man seiner Familie das Fleisch des verstorbenen Bernhardiners (Autounfall, junges und gesundes Tier) als Braten servieren? Immerhin gilt Bernhardinerfleisch in China als Spezialität, für die bis zu 90 Euro pro Kilogramm bezahlt wird.

Warum nach China schweifen? Auch unsere europäischen Vorfahren hatten noch ein vernünftiges Verhältnis zu Hunden. Jean Anthelme Brillat-Savarin (1755–1826), Gourmetpionier und Verfasser der „Physiologie des Geschmacks", beschreibt einen Freudentag auf einer Farm, die sich mit der Bernhardinerzucht Verdienste erworben hat. Natürlich musste er die Ergebnisse des hundeviehwirtschaftlichen Musterbetriebs verkosten, und er lobte überschwänglich die „exquisiten Fleischgerichte", speziell die „Ragouts, einfach und substanziell". Ein Gütesiegel für das Bernhardinerfleisch, wertvoller als jedes neuzeitliche Bio-Label. Erst degenerierte spätere Feinschmecker, die Hunde nicht mehr als Delikatesse, sondern nur als Kuschelwesen gelten lassen, fälschten die Schilderung des Gastropapstes zu einem Besuch bei jenem nach dem heiligen Bernhard benannten Mönchsorden um.

Julian Schütt

Darf man in der vollbesetzten Straßenbahn die Frage – Wieso hat diese Frau einen Schnurrbart? – des Sohnes (3) beantworten?

Nun, das Problem ist ja, dass der Kleine die Frage gar nicht hätte stellen dürfen. Viel schlimmer kann es nicht mehr kommen, egal was Sie antworten. Aber man kann nicht immer einen Wattebausch mit Chloroform dabeihaben, um sein Kind, noch bevor es den Satz zu Ende gesprochen hat, betäuben zu können. Auch Exkurse über Geschlecht als soziales Konstrukt oder über Sexualhormone sind bei einem Dreijährigen wohl deplatziert. Trotzdem sollte man auf Kinderfragen nach Möglichkeit eingehen, die Neugier wird ja dann noch früh genug eingeschüchtert. Man darf, ja soll also antworten. Aber wie? Meines Erachtens gibt es nur eine einzige mögliche, logische und realistische Antwort: „Weil sie sich nicht rasiert hat."

David Signer

Darf man behaupten, man sei in Genf oder New York gewesen, obwohl man bloß auf der Autobahn durchgefahren ist beziehungsweise nur eine Zwischenlandung mit dem Flugzeug machte?

Falls Sie zu der Sorte Mensch gehören, die es sich zum Ziel gesetzt hat, zu Lebzeiten irgendwelche Ich-war-schon-mal-in-Listen zu erfüllen, dann ja, ungeniert. Behaupten Sie ruhig, Sie wären in New York, Rom oder Paris gewesen. Auch wenn Sie noch nie einen müden Fuß auf die Champs-Elysées gesetzt haben. Um den großen Plan zu erfüllen, kommen auch Autobahnraststätten, Überflüge oder viertelstündige Flughafenaufenthalte in Frage. Ist es aber so, dass es simple Hochstapelei ist, die Sie zu solcher Rede motiviert, würde ich Ihnen raten, von derartigen Prahlereien Abstand zu nehmen. Das Risiko ist zu groß, dass ein ortskundiger Schlaumeier die Probe aufs Exempel macht und Sie In-Plätze abfragt, deren Namen Sie noch nie gehört haben. Dann müssen Sie zugeben, dass Sie von der New Yorker Skyline bloß eine Postkartenansicht kennen, was Ihrem sonst, so hoffe ich doch, tadellosen Ansehen kaum schmeicheln wird.

Katja Alves

Darf man der
Beziehungsweltformel
aus Sicht des Mannes
Glauben schenken, die
da heißt: Das optimale
Alter der Freundin
zum Zeitpunkt des
Kennenlernens ist
das Alter des Mannes,
geteilt durch zwei
plus sieben?

Auf jeden Fall! Sofern Sie um die 25 sind und im Beisein potenzieller Kandidatinnen den Mund halten, statt sie mit solchen Thesen zu verschrecken, sollte Ihrem Glück nichts im Wege stehen. Ansonsten bleibt zu sagen, dass sich Liebe und Rechenaufgaben äußerst schlecht vertragen.

Dominique Feusi

Darf man jemandem, der frisch vom Friseur kommt, sagen - Vorher hast du mir besser gefallen? - Meine Frau meint nein.

Wenn Ihre Frau nein meint, dann dürfen Sie nicht. Es empfiehlt sich im Allgemeinen, Frauen in Sachen Frisur schamlos anzulügen. Fragen Sie einfach: „Du siehst heute unglaublich gut aus, hast du etwas mit deinen Haaren gemacht?" Streuen Sie auch unverfroren Schlüsselbegriffe wie „Glanz", „Volumen" und „jünger" mit ein. Das wird Ihre Ehe mit neuer Spannkraft versehen, sie bis in die Spitzen revitalisieren und ihr zu einer ungeahnten Fülle und Kraft verhelfen. Und, sollte es sich bei diesem Jemand um Ihre Frau handeln, sagen Sie niemals, wirklich nie: „Vorher hast du mir besser gefallen." Sie riskieren sonst ein vernichtendes: „Du mir auch."

Dominique Feusi

Darf man sich als Deutscher in der Schweiz lautstark über die Bedienung beschweren?

Auf jeden Fall. Wir mischen uns nicht in innerdeutsche Angelegenheiten ein.

Bruno Ziauddin

Darf man als überzeugte Vegetarierin einen Freund haben, der Metzger ist?

Bevor ich Ihnen zu antworten versuche, möchte ich, dass wir gemeinsam folgende Pressemeldung auf uns wirken lassen: „1,75 Kilogramm. So viel wog Crown Shakur, als er am 25. April starb. Der sechs Wochen alte Junge war verhungert. Doch da waren keine Rabeneltern, die ihr Kind absichtlich sterben ließen. Das junge Paar glaubte, das Richtige zu tun. Die überzeugten Veganer ernährten ihr Baby nämlich nur mit Sojamilch und Apfelsaft." Obwohl ich ein Leben ohne Schweinswurst und Fohlenfilet für nahezu sinnlos halte, bin ich bereit einzuräumen, dass zwischen einem Veganer und einem Vegetarier ein gewisser Unterschied besteht. Nicht leugnen lässt sich aber: Mit einem Metzger als Vater wäre so etwas nicht passiert.

Bruno Ziauddin

Darf man in einer Welt des grassierenden Kapitalismus und der Winner takes it all-Mentalität auch mit über 40 noch ein kleines bisschen sozial oder gar links/grün/alternativ sein, oder ist das schon Uneinsichtigkeit und Dummheit?

Du meine Güte, Sie stellen Fragen! Wenn Sie mir während der nächsten zwölf Monate die Miete zahlen, dann lasse ich mich hier freistellen und schreibe ein ein ganzes Buch zu diesem Problem. Darum nur das Allernotwendigste:
– Wo sozial draufsteht, muss nicht unbedingt sozial drin sein.
– Links (mehr Arbeitsplätze) und grün (mehr Blumenwiesen) ist nicht immer dasselbe.

– Was ist alternativer: ein Stück Alpkäse aus dem Bio-Laden für 5 Euro oder ein Aldi-Cervelat? Einmal der politischen Pubertät entwachsen, stellen die meisten von uns fest, dass die Welt viel komplizierter ist, als sie ehedem zu glauben geneigt waren. Dieser überaus unangenehmen Erkenntnis kann man auf drei Arten begegnen: erstens mit Zynismus; zweitens durch militante Komplexitätsreduktion, die es einem erlaubt, wahlweise an Greenpeace, Lenin, die Auns, Hare Krishna oder die Unfehlbarkeit des Marktes zu glauben. Oder indem man sich so wie Sie weiterhin Mühe gibt. In diesem Sinne: bravo!

Bruno Ziauddin

Ist es o.k., einen Orgasmus vorzutäuschen?

Wir sind ja nur mit Männern zusammen, die erst kommen, wenn wir gekommen sind, alles andere kommt ja schon mal gar nicht ins Bett. Aber manchmal, da geht das halt einfach nicht mit dem Kommen. Und Sex an sich ist zwar lässig, aber sobald sich – meistens ja nach längerem Versuch, das Gegenteil zu beweisen – herausstellt, dass keine Aussicht auf Erfolg besteht, kann er auch sehr, sehr unnötig sein. Nun gibt es zwei Varianten. Entweder die Frau tippt ihm auf die Schulter und sagt, du, das nervt, lassen wir's; dann kann sie sich Interessanterem zuwenden, und er ist der Loser. Oder aber sie täuscht einen Orgasmus vor, meist lässt er dann auch nicht lange auf sich warten; sie kann sich Interessanterem zuwenden, und er ist zufrieden. Wenn die Frau also den Mann gerne mag, ist es o.k., einen Orgasmus vorzutäuschen. Wir wollen ja mal nicht so sein. Trotzdem, liebe Frauen: Sie dürfen Ihrem Partner nie sagen, dass Sie schon Orgasmen vorgetäuscht haben! Nienienie! Männer leben lieber mit der Lüge! Und, liebe Männer: Es gibt natürlich viele Frauen, die noch nie einen Orgasmus vorgetäuscht haben. Alle Ihre Sexualpartnerinnen zum Beispiel.

Michèle Roten

Darf man einer guten Freundin sagen, ihr Freund und zukünftiger Angetrauter sei, obwohl sie jahrelang danach gesucht hat, ein alltagsuntauglicher Trottel, oder sollte man sie lieber in der Liebe schwelgen lassen?

Haben Romeo und Julia auf ihre Familien gehört? Konnte man Camille Claudel von Rodin abbringen? Ließ sich Baby in Dirty Dancing den Tanzlehrer Johnny ausreden? Haben Sie gehorcht, wenn Ihre Mutter befahl: «Du setzt dich bei den großen Buben nicht hinten auf das Mofa!»? Sie dürfen, doch ihre Freundin wird wohl eher Susanna Tamaros «Geh, wohin dein Herz dich trägt» befolgen. Sie können nur beifügen: «Komm jederzeit auf deinen Knien zurück gekrochen.» Und sind wir ehrlich, meist kriegen wir sowieso entweder einen romantischen, aber alltagsuntauglichen Trottel oder einen unsensiblen Bock, der jedoch die Rechnungen zahlt. Alles andere erfordert schwerste Erziehungsarbeit.

Dominque Feusi

Darf man seinen geliebten Kater, der altersschwach ist und bald stirbt, einem Tierpräparator zum Ausstopfen bringen, damit man ihn weiterhin streicheln und mit ihm reden kann?

Gewiss, aber natürlich erst, wenn er schon tot ist: Bei lebendigem Leib ausgestopft zu werden, verzeiht einem ein Kätzchen nie! Der Vorteil des ausgestopften gegenüber dem lebenden Kater ist, dass er keine Mäuse in die Wohnung schleppt, kein übel riechendes Katzenfutter braucht, dass das Katzenklo immer sauber ist und dass er keine frechen Antworten gibt, wenn man mit ihm redet. Der Nachteil: Man muss ihn abstauben, und er schnurrt nicht, wenn man ihn streichelt, ja, er zeigt überhaupt keine Emotionen. Er hat nämlich nicht ein kaltes, sondern gar kein Herz mehr. Könnte man da nicht gerade so gut einen Eisklotz in die Ecke stellen?

Marianne Fehr

Darf ein Witwer seine zweite verstorbene Ehefrau im Grab der ersten Gattin beerdigen?

Darf ich eine psychologische Deutung wagen? Der Mann hat ein schlechtes Gewissen. Er hat das Gefühl, seine erste Frau mit der zweiten betrogen zu haben, und möchte sie nun zwangsversöhnen, indem er sie auf ewig im gleichen Grab einsperrt. Ich frage mich bloß, wo er sich denn seine eigene Ruhestätte einzurichten gedenkt. Zwischen den beiden? Oder weit, weit weg? Nicht mal in einem polygamen Haushalt sind die Mitfrauen verpflichtet, im selben Bett zu schlafen. Kurz: Ein unverzeihlicher Fauxpas. Nicht wegen den Toten. Denen ist das alles sowieso egal. Aber wegen dem seltsamen Licht, das dieses Arrangement auf den Witwer wirft. Eine einzige Tatsache würde die erzwungene Zweierkiste entschuldigen: Dass die beiden

Gattinnen in Wirklichkeit lesbisch waren und die zweite den Mann nur geheiratet hat, um der ersten irgendwie nahe zu sein. Das ist allerdings unwahrscheinlich. Möglich ist höchstens, dass sich die zwei Frauen bis zu seinem Ableben näher kommen, und dann ein „Bitte nicht stören"-Schild am Grab hängt, wenn er sich ihnen endlich beigesellen will. Geschähe ihm recht.

David Signer

Darf eine Dame, die im Bus bei einer Vollbremsung auf dem Schoß eines attraktiven jungen Mannes landet, dort sitzen bleiben?

Nun, das kommt darauf an, wie jung der junge Mann ist, und wie schwer Sie sind. Wenn er über 16 Jahre alt ist, und Sie weniger als 120 Kilo wiegen, dürfen Sie sitzen bleiben. Selbst wenn sich der glückliche Zufall zwischen Ihnen und dem jungen Mann in einem ansonsten leeren Bus abspielt (die Vollbremsung ist auch nicht unbedingt nötig, eine kleine Gleichgewichtsstörung Ihrerseits genügt auch. Manchmal braucht es streng genommen noch nicht einmal einen Bus). Sie dürfen dort sitzen bleiben, solange Sie wollen und müssen nicht einmal dann aufstehen, wenn der junge Mann vor Ihnen aussteigen muss. Soll er Sie doch hinaustragen. Es gibt einen einzigen Fall, wo Ihr Sitzen bleiben nicht angebracht ist: Wenn eine kleine Frau mit schwarzen Locken den Bus betritt. Erheben Sie sich in dem Fall bitte sofort und bieten ihr den komfortablen Sitzplatz an. Das zeugt von guten Manieren. Außerdem wollen wir beide doch nicht etwa, dass wir uns um den Platz prügeln müssen, oder?

Güzin Kar

Darf man sich als Chirurg während des Operierens über Körpermerkmale des Patienten lustig machen?

Grundsätzlich spricht nichts dagegen, dass sich jemand während der Arbeit amüsiert. Erstaunlich ist höchstens, dass ein Chirurg beim Operieren Zeit hat dafür. Und eher schlecht ist es für den Patienten, wenn der Arzt über dessen krumme Nase so lachen muss, dass er die Naht vom Scham- zum Brustbein im Zickzack zieht. Aber immer noch besser, als wenn er auffällige Körpermerkmale einfach wegschneidet. Besonders lustig gestimmten Chirurgen sei empfohlen, sich während einer Operation nicht vom Gegenstand ihrer Arbeit, sondern zum Beispiel von einem witzigen Film („Das Kettensägen-Massaker“, „Blutrausch“) unterhalten zu lassen.

Damit erübrigt sich auch das Lachgas für die Anästhesie. Vielleicht hilft es aber auch schon, wenn der Chirurg vom Assistenten ein bisschen mit dem Skalpell gekitzelt wird.

Marianne Fehr

Roger Köppel

geboren 1965 in Zürich, ist schweizerischer Journalist. Er ist Chefredakteur und Verleger des Wochenmagazins „Die Weltwoche". Zuvor war er während zweieinhalb Jahren Chefredakteur der deutschen Tageszeitung „Die Welt".

Die Antworten, die dieses Buch versammelt, sind eine Auswahl aus der Kolumne „Darf man das?", die wöchentlich in *Der Weltwoche* erscheint.

www.weltwoche.ch

Kurt Palm • Tex Rubinowitz

War Mozarts Vogel ein Genie?

Gesammelte Kolumnen

Wolfgang Amadeus Mozart? Komponist, Salzburg, „Eine kleine Nachtmusik", bam ba bam ba bam ba bam ba ba. Und was wissen Sie sonst noch?

Wurde Mozart von einer Amme gestillt?
Spielte Mozart Fußball?
War Mozart mit Winnetou befreundet?
Hatte Mozart mehr als einen Vogel?
War Mozarts Vogel ein Genie?
Trank Mozart seinen Kaffee mit Milch?
Wein oder lieber Bier?
Hatte Mozart wirklich Schuhgröße 36?
Hat Mozart jemals Erdäpfelsalat gegessen?
Warum besaß Mozart, als er verarmt starb,
neun Hosen, neun Hemden und einen Pelzmantel?

Sehen Sie, das Mozart-Jahr ist spurlos an Ihnen vorüber gegangen. Kurt Palm liefert ein Da capo in 47 Stücken, mit Zeichnungen von Tex Rubinowitz. Das ist Ihre letzte Chance. Nutzen Sie sie!

978 3 7017 1477 3

Wer da nicht lacht, ist selber schuld ...

Jürgen Neckam

Das merkwürdige Leben der Literaten

Jürgen Neckam hat den Lebenswegen der Literaten nachgespürt, und er hat gefunden, vor allem an den Wegrändern: reichlich Komisches, reichlich Skurriles, reichlich Bemerkenswertes, reichlich Informatives auch. Jedenfalls: reichlich!

Goethe ließ nach dem Tod seines Sohnes einen Grabstein errichten, darauf stand: „Hier ruht Goethes Sohn."

Dylan Thomas trank eines Abends in einer Hotelbar 34 Gläser Whiskey, sagte: „Das ist neuer Rekord" und fiel bewusstlos vom Barhocker. Kurz drauf starb er.

Karl Marx schwängerte sein Dienstmädchen. Als den Vater des daraus resultierenden Kindes gab er Friedrich Engels an.

... habe ich das Buch während der anderthalbstündigen Fahrt verschlungen, der Zug fuhr im Kieler Hauptbahnhof ein, und ich stieg als glücklicher Mensch aus, der Zweite-Klasse-Bildungsreisende hatte unverhofft ein Juwel gefunden. Danke, Jürgen Neckam!
Feridun Zaimoglu, Literaturen

978 3 7017 1441 4

www.residenzverlag.at